AF597589

Peter Horst Neumann

Gustav Mahler und Friedrich Rückert – eine Mesalliance?

RÜCKERT ZU EHREN

EINE SCHRIFTENREIHE
DER RÜCKERT - GESELLSCHAFT

BAND XIII

ERGON VERLAG

Peter Horst Neumann

Gustav Mahler und Friedrich Rückert – eine Mesalliance?

ERGON VERLAG

Bibliografische Information der Deutschen Nationalbibliothek
Die Deutsche Nationalbibliothek verzeichnet diese Publikation in der Deutschen Nationalbibliografie; detaillierte bibliografische Daten sind im Internet über http://dnb.d-nb.de abrufbar.

Bibliographic information published by the Deutsche Nationalbibliothek
The Deutsche Nationalbibliothek lists this publication in the Deutsche Nationalbibliografie; detailed bibliographic data are available in the Internet at http://dnb.d-nb.de.

Umschlaggestaltung: Jan von Hugo
Satz: Thomas Breier, Ergon Verlag, Würzburg

Printed in Germany
ISBN 978-3-89913-583-1
ISSN 0933-9094

Inhalt

Zum Geleit

Als unser Mitglied Frau Rosemarie Neupärtl sowohl auf die Rückert-Gesellschaft als auch auf die tschechische Mahlergesellschaft zuging, um für einen Vortrag über Friedrich Rückert (1788-1866) und Gustav Mahler (1860-1911) zu werben, gab es auf keiner Seite langes Zögern: Denn wer eignete sich besser als der die Universalsprache Musik in Vollendung beherrschende Komponist Gustav Mahler und der das Universum der Sprache ausmessende Dichter Friedrich Rückert, der den Gedanken „Weltpoesie allein ist Weltversöhnung“ zu formulieren vermochte, um zwischen der Mahler-Stadt Jihlava/Iglau und der Rückert-Stadt Schweinfurt/Svinibrod eine kleine Brücke auf dem Weg zum gemeinsamen Europa zu errichten. Für diese reizvolle Allianz zwischen Musik und Wort, Deutschen und Tschechen begann nun Frau Neupärtl ebenso engagiert wie effektiv zu wirken, bis ein ebenso kleines wie apartes Symposion im Rahmen des Mahler-Festivals in Jihlava/Iglau auf die Beine gestellt war. Angesichts der nicht geringen Schwierigkeiten, ein solches Projekt von Frankreich aus (!) überhaupt zu realisieren, kann hier durchaus von einem kleinen Wunder gesprochen werden; doch Frau Neupärtl hatte mit ihrem Einsatz noch einem zweiten, größeren Wunder Vorschub geleistet, nämlich dem der Verständigung! Die vorbehaltlose, von größter Herzlichkeit getragene Aufnahme der angereisten Rückert-Freunde durch die tschechischen Mahler-Freunde kann im wahrsten Sinne des Wortes nur als wundervoll bezeichnet werden, so daß für die drei Septembertage im Jahre 2006 berechtigt vom „Geist von Jihlava/Iglau“ gesprochen werden kann, der – das Vortragsthema einmal außer acht gelassen – keinen Gedanken an irgendeine Mésalliance aufkommen ließ. Hieran möchte dieses bewußt zweisprachig gehaltene Bändchen erinnern.

Maßgeblich zum Gelingen dieses Projektes sowie zur Drucklegung des Bändchens trugen bei: Frau Rosemarie Neupärtl (Limours/Frankreich), die unermüdlich das Projekt Mahler-Rückert vorantrieb; der Autor Professor Dr. Peter-Horst Neumann (Nürnberg), der bereitwillig seine Druckgenehmigung erteilte; Frau Dr. Alena Jakubíčková (Jihlava/Iglau), die mit ebenso großer Geduld wie Umsicht sämtliche Übersetzungsarbeiten besorgte sowie Herr Dr. Jiří Štilec (Praha/Prag) von der tschechischen Mahler-Gesellschaft und Herr Josef Poukar (Jihlava/Iglau) von den örtlichen Mahlerfreunden, die den angereisten Rückert-Freunden drei wundervolle Tage in Jihlava/Iglau bereiteten.

Ihnen allen sind Rückert-Gesellschaft und Leser zu besonderem Dank verpflichtet!

Schweinfurt, im April 2007

Dr. h.c. Rudolf Kreutner
(Geschäftsführer der Rückert-Gesellschaft e.V.)

Úvodem

Když se naše členka paní Rosemarie Neupärtl obrátila jak na Rückertovu společnost, tak na český spolek Dům Gustava Mahlera s žádostí o přednášku o Friedrichu Rückertovi (1788-1866) a Gustavu Mahlerovi (1860-1911), ani jedna strana dlouho neváhala: neboť kdo by byl vhodnější osobou pro vytvoření malé spojnice na cestě ke společné Evropě mezi Mahlerovým městem Jihlavou/Iglau a Rückertovým rodištěm Schweinfurtem/Svinibrodem než skladatel Gustav Mahler dokonale ovládající univerzální jazyk hudby a básník Friedrich Rückert (1788-1866), který obsáhl univerzum jazyka a formuloval myšlenku, že „Světová poezie sama je smířením světa". O tuto půvabnou alianci mezi hudbou a slovem, Čechy a Němci začala paní Neupärtl efektivně a angažovaně usilovat, až se jí nakonec podařilo prosadit malé, avšak nevšední symposium v rámci Mahlerova festivalu v Jihlavě. Vzhledem k nemalým těžkostem spočívajícím v organizování tohoto projektu z Francie! můžeme mluvit o malém zázraku; paní Neupärtl se podařil ještě jeden větší zázrak, totiž zázrak porozumění. Bezvýhradně srdečné přijetí, kterého se členům Rückertovy společnosti dostalo od českých členů společnosti Gustava Mahlera bylo v pravém slova smyslu zázračné, takže ony tři zářijové dny v roce 2006 zůstávají právem v paměti prodchnuty „jihlavským duchem" - který odhlédneme-li od tématu přednášky - vůbec ničím nepřipomínal mesalianci. Důkazem toho je tento dvojjazyčně vypravený sborníček.

O zdar tohoto projektu se velkou měrou zasloužili: paní Rosemarie Neupärtl (Limours/Francie), která projekt Mahler-Rückert neúnavně, autor profesor Dr. Peter-Horst Neumann (Nürnberg/Norimberk), který ochotně svolil s jeho otištěním, paní Dr. Alena Jakubíčková (Jihlava), která se velkou trpělivostí a prozíravostí pořídila všechny překlady, jakož i pan Dr. Jiří Štilec (Praha) z české Mahlerovy společnosti a pan Josef Poukar (Jihlava) z místních

Mahlerových příznivců, kteří členům Rückertovy společnosti připravili tři nádherné dny v Jihlavě.

Jim všem by Rückertova společnost chtěla vyjádřit svůj mimořádný dík!

Schweinfurt, duben 2007

Dr. h.c. Rudolf Kreutner
(jednatel Rückertovy společnosti)

Peter Horst Neumann

Gustav Mahler und Friedrich Rückert – eine Mesalliance?*

Über beide ist separat schon manches gesagt und geschrieben worden, über den Musiker freilich zuletzt weit mehr als über den einzigen authentischen Dichter, dessen Verse er in den Rang seiner Lieder erhob. War von ihnen gemeinsam die Rede, geschah es nicht selten so, als gelte es eine Mesalliance zu beschreiben. Wer sich heute mit Mahlers Rückert-Vertonungen befaßt, muß den literarischen Rang dieses Dichters gegen ansehnliche Autoren und Mahler-Verehrer verteidigen, denen Friedrich Rückerts Gedichte als „fragwürdige“ Lyrik gelten. Da kann man, bei allem Respekt, auf etwas Polemik leider nicht verzichten.

Nun sind die Text-Entscheidungen von Komponisten aus dem Abstand der Generationen nur allzu leicht zu bemäkeln; so ist es Schubert und Brahms und manch anderem widerfahren. Im Falle Mahlers aber erkennt man gerade bei denjenigen seiner Kritiker, welche die Wiederkehr seiner Musik nach der zwölf-jährigen Verfemung in Deutschland am wortkräftigsten befördert haben, eine besonders starke Reserviertheit gegenüber den von Mahler komponierten Texten. Ich meine Theodor W. Adorno und den Germanisten Hans Mayer. Bei deren Lektüre gewinnt man den Eindruck, es handele sich bei Mahlers Text-Wahlen, beginnend bei den Gedichten aus „Des Knaben Wunderhorn“ und den vom Komponisten selbst im „Wunderhorn“-Ton verfaßten „Liedern eines fahrenden Gesellen“ generell um wenig erfreuliche Zugriffe. Nicht einen Augenblick lang, so liest man bei Mayer (der damit Peter Hamm beipflichtet), habe Mahler „an die Authentizität dieser von Arnim und vor allem von Clemens Brentano ... bedenkenlos zurechtgedichteten ... sogenannten Volkslieder“ geglaubt. (1) Aber hängt denn das, was Gedichte einem empfänglichen Leser bedeuten, wirklich von deren „Authentizität" ab. Goethe hat über den lyrischen Rang des „Wunderhorn" anders geurteilt, und daß diese Sammlung einstmals die Stimmgabel deutsch-romantischer Sangverslyrik war, erklärt sich gewiß nicht aus einem Mangel an lyrischer Qualität.

Auch Friedrich Rückerts Nachruhm haben solch tendenziöse Fehlurteile getrübt. Adorno fand Mahlers Wertschätzung dieses Dichters mehr als nur „eigenwillig". Hans Mayer aber spricht von „fragwürdiger" und „ängstlich-gefühlvoller Lyrik", der dann durch Mahlers Vertonungen verdienterweise „der Lyrismus ausgetrieben" worden sei. (2) Was aber Hans Bethges poetische Chinoiserien betrifft, seine Gedicht-Sammlung „Die chinesische Flöte", aus der Gustav Mahler die Worte für sein „Lied von der Erde" entnahm, so hat auch in diesem Falle Hans Mayer die Überlegenheit des nachgeborenen Kritikers mit seinem Urteil „lyrisches Kunstgewerbe" voll zur Geltung gebracht. Nur „eine schnöde (und das Wesentliche verfehlende) Analyse könnte die Behauptung wagen, dieser Tonsetzer sei immer wieder" von derlei Magerkunst „fasziniert und inspiriert worden". (3) Man staunt über ein derart schnödes Besserwissen. Aus welchem anderen Grund hätte sich dieser literarisch umsichtige Komponist wohl gerade für solche Gedichte und gleich zehnmal für Rückert entschieden, wenn nicht aufgrund eines unabweisbaren Angerührtseins. Einer Mitteilung, die wir Anton Webern verdanken, ist zu entnehmen, daß Mahler Rückerts Gedichte durchaus als „Lyrik aus erster Hand" empfand. (4) Wer diesem Urteil nicht zustimmen möchte, wird dennoch respektieren müssen, daß sich die emotionelle Tiefe literarischer Aneignungen nicht immer den ästhetischen Höchstwerten verdankt.

Auch die in Mahlers 2. Symphonie gesungenen Dichterworte sind von solchen Vorbehalten der Kritik betroffen, darunter Klopstocks Auferstehungs-Strophe mit ihrer durch den Chorgesang starkgemachten religiösen Zuversicht. Die Achte aber steht unter einem besonderen, geschichtsphilosophisch und sozialgeschichtlich begründeten Generalverdacht; er ist bei Theodor W. Adorno gegen das monumentale „Hauptwerk“ gerichtet. Hier hatte Mahler, als er den Heiliggeist-Hymnus des Hrbanus Maurus und die Bergschluchten-Szene des „Faust“ komponierte, auch literarisch nach Höchstem gegriffen. Unverkennbar waren dies Text-Entscheidungen von starkem Bekenntnis-Charakter – Bekenntnissen im Gleichnis der Dichterworte, was nicht unbedingt einen Einklang mit jeder ihrer Silben bedeuten mußte. Gerade ein Bekennen dieser Art aber fand bei zweien der wichtigsten deutschen Mahler-Apologeten keinen Widerhall. Adorno sieht durch Mahlers Text-Wahlen für die 8. Symphonie den ideologisch rückständigen, den „affirmativen“ Charakter des Werkes bestätigt. „Die Achte“, so lautet sein Befund, „ist angesteckt von dem Wahn, erhabene Gegenstände (...) bürgten für die Erhabenheit des Gehalts. Aber erhabene Gegenstände, an die das Kunstwerk sich heftet, sind zunächst nicht mehr als dessen Vorwurf. Daß der Gehalt durch Negation (!) besser bewahrt werden kann als durch Demonstration, dafür steht sonst (!) Mahlers Musik, seinem Bewußtsein entgegen, exemplarisch ein“. (5)

Immer wieder glaubt Adorno, Mahlers Werk gegen das vermeintlich „falsche Bewußtsein“ des Komponisten in Schutz nehmen zu sollen. Im diesem Zusammenhang läßt er uns wissen, Mahler habe in seiner Achten die „eigene Idee der radikalen Säkularisation der metaphysischen Worte verleugnet“. (6) Verwunderliche Blindheit eines an Einsichten so reichen Autors! Wäre es wirklich Mahlers Idee und Überzeugung gewesen, daß das Metaphysische profanisiert werden müsse, um überhaupt noch vertretbar zu sein, wäre diese Überzeugung wohl auch bei den „Wunderhorn“- und Rückert-Vertonungen am Werke gewesen. Und dieser vorgeblich „eigenen Idee“ sei Mahler nun just im „Hauptwerk“ untreu geworden, indem er die „metaphysischen Worte“ sowohl des Schöpfergeist-Hymnus wie die Erhebung der Entelechie des Dr. Faust zur Himmelshöhe der Mater gloriosa so bekennerhaft vertonte.

Wer Mahlers Musik so entschieden für die Moderne reklamiert, wie es ein unbestrittenes Verdienst beider Autoren ist, der mußte vielleicht notgedrungen an Mahlers Text-Wahlen Anstoß nehmen. Sie sind Ausdruck einer vor-modernen Ästhetik und einer bürgerlichen Kunstfrömmigkeit, und gerade der gilt jener antimetaphysische Affekt, der aus den beigebrachten Zitaten spricht. Was aber die Geringschätzung Friedrich Rückerts betrifft, so war Mahler durchaus nicht der Mann, dessen Lyrik in immerhin zehn Gedicht-Vertonungen „den Lyrismus austreiben" zu wollen. Für die Geringschätzung, die Rückert im Mahler-Schrifttum widerfuhr, lassen sich freilich auch ein paar rezeptionsgeschichtlich-literarischen Gründe benennen. Mahler verband seine Musik in den Jahren 1901-04 mit einem Dichter, der – bereits seit vier Jahrzehnten unter den Toten – im Laufe des 19. Jahrhunderts immer wieder und durchaus nicht nur aus texthungriger Vertonungslust komponiert worden war. Das gilt erst recht für Mahlers Rückert-Vertonungen. Ich finde keinen Grund, an Natalie Bauer-Lechners Berichten zu zweifeln, die von dem Lied „Blicke mir nicht in die Lieder" schreibt, es sei bereits „textlich für Mahler so charakteristisch, als hätte er es gedichtet". Von „Ich bin der Welt abhanden gekommen" aber habe Mahler zu ihr gesagt: „das bin ich selbst!" (7)

Sind die „Wunderhorn"-Vertonungen mehrheitlich Rollen-Lieder, gesungene Charakterstücke, so liegt anders auf den Liedern nach Rückerts Versen ein sehr viel intimerer Ausdrucks-Akzent, der das lyrische Ich als den Vorsprech des Komponisten empfinden läßt. Diese Verbundenheit scheint in dem Lied „Um Mitternacht", dem mittleren der fünf „Rückert-Lieder", bis zur Identifikation mit dem weltanschaulichen Bekenntnis des Dichters gediehen. Wahrscheinlich ist dies der Grund, weshalb gerade dieses Lied zwar nicht den Sängern, wohl aber den schreibenden Mahler-Interpreten besondere Schwierigkeiten bereitet. „Das Rätsel dieses Liedes", so liest man in Jens Malte Fischers Mahler-Biographie, „harrt noch seiner Lösung". (8) Jedenfalls scheint mir Mahlers Verhältnis zu Rückerts Dichtungen „zweifelhaft" und anstößig „eigenwillig" durchaus nicht zu sein. Wir sollten diese ‚Eigenwilligkeit‘ lieber wortstreng und zweifelfrei als Mahlers Willen zu jenem Eigenen anerkennen, das er in Friedrich Rückerts Gedichten zu erkennen glaubte. Dies gilt für die exklusiv als „Rückert-Lieder“ bezeichneten Gesänge, von denen gleich noch etwas ausführlicher zu handeln ist, gilt aber ebenso für die fünf „Kindertotenlieder“. Alma Mahlers Bemerkung, ihr Mann habe in deren Komposition den Tod der eigenen, der älteren Tochter vorwegbetrauert, ist verständlich und töricht zugleich. Der junge Gustav Mahler hatte im Iglauer Vaterhaus den Tod von mindestens sechs jüngeren Geschwistern miterlebt, auch das Sterben seines zwölfjährigen Lieblingsbruders Ernst, der so hieß, wie eines der in den Versen betrauerten Rückertkinder.

*

Selten erfüllt sich die Erwartung, Gedicht und Musik in ihrem künstlerischen Range ebenbürtig zu sehen. Eher scheint eine gewisse Ungleichrangigkeit die Regel, wenn auch nicht immer zum Nachteil der Lieder. Im Falle Rückerts und Mahlers wurde die Frage der Ebenbürtigkeit allzu leichtfertig beschieden. Auch Hans Heinrich Eggebrecht, Autor eines bedeutenden Mahler-Buches, hat Hans Mayers Urteil allzu bedenkenlos nachgesprochen: Mahler habe „nur solche Texte für seine Lied-Kompositionen gewählt, die der ästhetischen Okkupation durch seine Musik standzuhalten vermochten“, ja er habe überhaupt „das ‚vollendete Gedicht‘ ... beiseite“ gelassen. (9) Das von Mayer in Umlauf gebrachte Wort vom „Okkupator“ Gustav Mahler hätte Eggebrecht besser nicht nachgesprochen. Von einer verfremdend-gewaltsamen Unterwerfung poetischer Texte kann selbst bei den von Mahler weitergedichteten „Wunderhorn“-Liedern nicht die Rede sein. Für die Rückert-Gesänge gilt dies erst recht.

Bedenkt man freilich, daß es nach den zwölf Jahren der rassischen Verfemung bei Mahlers Rehabilitierung auch auf die Plazierung seiner Musik im Kanon der Moderne ankam, gewinnt man ein gewisses Verständnis dafür, daß es so leicht fallen konnte,

Mahlers Sympathie für Rückert befremdlich zu finden. Die Minderbewertung des Dichters war im Einklang mit dem Urteil der Germanistik. Immer sind die Wertungen der Literaturgeschichtsschreibung und ihre den Dichtern ausgestellten Überlebenszertifikate dem Zeitgeist untertan. So hatte man Friedrich Rückert im Laufe des 20. Jahrhunderts unter dem Eindruck der *literarischen* Moderne fast aus den Augen verloren. Tatsächlich läßt sich bei ihm auch kaum etwas finden, was neuere Dichter zu Fortsetzung und produktiver Sympathie hätte anreizen können. Einen ähnlichen Virtuosen der poetischen Formen hat es in der deutschen Literaturgeschichte kaum, in der Weltliteratur nur selten gegeben. Scheinbar mühelos standen ihm die kompliziertesten Metren und Strophenformen der europäischen wie der morgenländischen Tradition zu Gebote. Die aber waren der Lyrik im 20. Jahrhundert bei ihrer Annäherung an die Prosa nahezu ganz abhanden gekommen. So wurden Rückerts vers- und reimtechnische Preziosen kaum anders, denn als zeitfern und einer untergegangenen Bürgerkultur zugehörend empfunden. Schon zu seinen Lebzeiten war der Zeitgenosse Eichendorffs und Heines wegen seiner großmeisterlichen Kunstfertigkeiten nicht nur bewundert worden. Der literarischen Moderne jedoch fehlen bis heute Gespür und Neigung für den ästhetischen Eigenwert metrischer Delikatessen. Hinzu tritt ein Faktum,das in der Moderne allein schon geeignet schien, einen Lyriker „verdächtig" zu machen: die Ungehemmtheit des Rückertschen Dichtens. Möglich, daß es mehr als an die zehntausend Gedichte sind, die er schrieb. Ohne jede Stockung poetisierte er seine bürgerliche Alltäglichkeit, sehr oft anrührend geist- und empfindungsreich, oft auch banal, doch immer frappierend sprachvirtuos. Hier ist nicht der passende Ort, ihm die volle Gerechtigkeit widerfahren zu lassen, auf die er ein Anrecht besitzt. Soviel aber muß, auch um Gustav Mahlers willen, gesagt werden: Hier wird nicht für irgendwen, sondern für einen wahrlich Besonderen „eine Lanze gebrochen".

Einige Jahrzehnte lang schien Rückerts Nachruhm nur noch von jenen wenigen Gedichten getragen, die man in Anthologien fand. Ungebrochen blieb dagegen seine Reputation als Übersetzer und Orientalist. Ihn dafür zu bewundern, gibt es die überzeugendsten Gründe. Selten dürfte einem Menschen eine größere Sprachenbegabung geschenkt worden sein, und dazu besaß er, was die Vermittlung der Eigenart orientalischer Dichtungen anlangt, ein offenbar ebenso außergewöhnliches mediales Talent. (10) Er hat die großen Poeten und Mystiker der arabischen Welt in einem gewaltigen Vermittlungswerk nicht nur ins Deutsche herübergebracht, sondern sie im Deutschen so vers- und bedeutungsgetreu nachgedichtet, wie es, dem Zeugnis der Kenner zufolge, nach ihm kaum jemand anderem gelang. (Auch den Koran hat er ins Deutsche übertragen.) Nach der in unserem Kulturkreis geltenden Hierarchie der Talente muß Rückert als einer der großen Kongenialen gelten. Damit aber stellt sich sogleich der Begriff des *Epigonalen* ein. Tatsächlich hat man ihn in den Literaturgeschichten immer wieder mit diesem Etikett beklebt, leider nicht den nachdichtenden Vermittler, sondern den Dichter.

Von Emmanuel Geibel, den das Urteil der Nachwelt ebenso wie Platen und Rückert zu den Epigonen der nach-goetheschen Ära zählt, stammt das Bekenntnis „*Was schön ist, ist schon dagewesen, / Und nachgeahmt ist, was uns glückt.*" Damit ist das Epigonen-Dilemma vieler Künstler des 19. Jahrhunderts gut bezeichnet: das Kunst-Schöne, nurmehr sein eigenes Echo, ist nicht mehr es selbst, sondern (mit Robert Musils Wort) nur noch „seinesgleichen". Für den Nach-Dichtenden aber bleibt Nachahmung das schlechthin Gebotene. Die vollkommene Nachbildung des Fremden in der eigenen Sprache, derart, daß das fremde Gedicht sich in der neuen Sprachgestalt als genuine Poesie behauptet, ist für den Nach-Dichter das höchste Erreichbare. Kenner versichern, daß ebendies Friedrich Rückert in reichem Maße gelang. Man glaubt es ihnen und staunt zugleich über die Verwechselbarkeit der Rückertschen Nachbildungen mit seinen eigenen Gedichten, wie umgekehrt seiner Originale mit den Übersetzungen. Theodor W. Adorno (um ihn auch in diesem Zusammenhang zu erwähnen) hat mit Blick auf den von Arnold Schönberg vertonten Stefan George bemerkt, daß sich die Sprachform der Georgeschen Gedichte recht eigentlich nur „am Ideal der Übersetzung ... messen" lasse. (11) Für Rückert gilt dieser Befund noch mehr als für Stefan George.

Das Lyrik-Verständnis der Moderne hält freilich die Nicht-Übersetzbarkeit für das wesentliche Gütemerkmal der Poesie. Rückert aber, der sich als einen *Peregrinus* unter seinen Zeitgenossen empfand, hat sich einem übersprachlichen Lyrik-Ideal verpflichtet, einem, das den Unterschied zwischen Original und Nachdichtung minimiert. Der gegen seine Lyrik verbreitete Vorwurf des Epigonentums dürfte auf dem Verkennen dieses in der literarischen Kanonbildung nicht vorgesehenen *anderen* Paradigmas beruhen. Für ihn gilt, was Karl Kraus für sich selbst als Ehrentitel beanspruchte: *„Ich bin nur einer von den Epigonen, / Die in dem alten Haus der Sprache wohnen.* " In diesem Hause hat Rückert ein sicheres Wohnrecht besessen. Ein neues Haus war es nicht, auch keine Ein-Parteien-Parzelle, sondern ein Haus der vielen Sprachen, die in der mystischen Utopie dieses polyglotten Dichter-Philologen schließlich doch nur *eine* sind: *„Die Poesie in allen ihren Zungen / Ist dem Geweihten Eine Sprache nur.* "

Die Verwechselbarkeit von Gedicht und Nach-Dichtung legt es nahe, auch Rückerts Originalpoesie als eine *übersetzte* zu verstehen. Wie ihm das Nachdichten der Orientalen, des Rumi oder des Hafis, die gemäße Art war, sich ihnen anzuverwandeln, so scheint das Dichten überhaupt die für Rückert gemäße Art der Welt-Wahrnehmung gewesen zu sein. Man möchte glauben, daß ihm alles Gelebte erst im Gedicht zur Erfahrung wurde, daß das Dichten die authentische Weise seines Erlebens war. Läßt man dies gelten, wird man das Sterben der Kinder Luise und Ernst innert dreier Wochen im Jahreswechsel 1833/34 als ein bitteres Geschenk für den dichtenden Vater begreifen. Er, der in dem von Mahler komponierten und weithin bekanntgemachten Gedicht von sich sagen konnte *„Ich leb' in mir und meinem Himmel, / In meinem Lieben, in meinem Lied"*, er lebte, aufs ganze seines Leben geblickt, eine ereigniskarge, bürgerlich-behagliche Gelehrten-Existenz. Deren Sensationen waren rein geistiger und poetisch-philologischer, sonst aber unspektakulär-familiärer Natur. Mit dem Tod seiner Kinder hatte ihn ein Doppelblitz im eigenen Fleische getroffen, doch auch jetzt, nun freilich aus einer zuvor nie erreichten existentiellen Tiefe, verwandelte sich sein Erleiden in Dichtung. Die kunststückhafte Mühelosigkeit seiner alltäglichen poetischen Ablagerungen stand nun im Dienst einer Erschütterungs- und Schmerzensbewältigung. Es ereignete sich ein in der deutschen Dichtung beispieloses Trauer-Ritual. In etwa dreieinhalb Monaten entstanden viereinhalbhundert Gedichte. Man hat den Eindruck einer willenlosen Hervorbringung, auch wenn sich dieser Eindruck an dem Befund der perfektesten Handhabung des verskünstlerischen Metiers reibt. Was damals entstand, man könnte es eine Enzyklopädie lyrischer Formen nennen. Selbst hier noch hatte es ihm nicht die Sprache verschlagen. Es scheint, als hätte sich sein Schmerz in Sprache statt in Tränen verflüssigt, als sei im Konvolut dieser Gedichten die Poesie nicht so sehr ein Reflex des Erlebten, wie bei jeder anderen mit Recht so genannten *Erlebnis*dichtung, sondern nachgerade das *Organ* dieser Leid-Erfahrung, der Ort des Erleidens selbst. Weniger jedes einzelne Gedicht, als vielmehr sie *alle* sind das Ereignis, ein viereinhalbhundertfaches Stechen in die eine Wunde.

Rückert hat die 1834 entstandenen „Kindertotenlieder" nicht selbst veröffentlicht, erst sechs Jahre nach seinem Tod hat man sie 1872 gedruckt. In späteren Ausgaben wurden sie nur noch unvollständig und oft durch Eingriffe und Fahrlässigkeiten entstellt wiedergegeben. Eine dieser Ausgaben, vielleicht aber auch die 2. Auflage der zwölfbändigen Werk-Edition von 1882, könnte Mahler zur Hand gewesen sein, als er 1901 die ersten drei Gedichte seiner fünfteiligen Lieder-Folge komponierte. Ein Jahrhundert lang scheint das Ganze dieses Trauer-Konvoluts im Buchhandel nicht vorhanden gewesen zu sein. Wenn Rückert-Gedichte in Anthologien erschienen, waren es keine von diesen. Erst seit 1988, dem Jahr von Rückerts 200. Geburtstag, sind sie uns in Gänze zur Hand. Der Zeitpunkt war gut gewählt, Jubiläumsdaten appellieren ans kulturelle Gedächtnis. Auch eine zweibändige Ausgabe von Gedichten und Nachdichtungen lud zum Wiederfinden des fast schon vergessenen Dichters ein. Doch nicht von den Germanisten kam dieser editorische Impuls, sondern von der Orientalistin Annemarie Schimmel und von Hans Wollschläger, der die „Kindertodtenlieder" nun vollständig edierte und ihnen einen Essay beigab, wie über Rückert vorher noch keiner geschrieben wurde. Der Schriftsteller und Joyce-Übersetzer war aber zugleich ein gelernter Musiker und ein Kenner der Mahlerschen Werke aus der Partitur. In einem Prosa-Text – „Moments musicaux. Tage mit TWA" (12) – hat er zu erkennen gegeben, welche überragende Bedeutung Theodor W. Adorno für ihn besaß. Allein, dessen Geringschätzung Friedrich Rückerts mochte er nicht folgen, im Gegenteil. Der Impuls für Wollschlägers nicht nur editorische Rettung der „Kindertodtenlieder", wie überhaupt für sein Bemühen um Rückerts literaturgeschichtliche Rehabilitation, ging von Mahlers Orchesterliedern aus. War unter dem Eindruck des Adornoschen Buches der in den Nazi-Jahren verbotene Komponist der lesenden Musik-Öffentlichkeit in Deutschland intellektuell wiedergewonnen und durch ein gleichzeitiges breites Angebot hochwertiger Einspielungen beinahe populär geworden, so erwachte im Sog dieser Wiederkehr und hinter dem Rücken der literarischeakademischen Zunft auch ein neues Interesse an Friedrich Rückert. Was so durch Mahler für Rückert geschah, ist der seltene Fall einer rezeptionsgeschichtlichen Schicksalsgemeinschaft von Poesie und Musik.

*

Nicht anders als hörend läßt sich erfassen, was Gustav Mahler Rückerts Gedichten musikalisch abgewann, einer Verständigungshilfe durch Worte bedarf es nicht. Was ihn aber gerade zu diesen Gedichten hinzog und was von seinem Eigensten er in ihnen ausgesprochen fand, dazu wollen die vertonten Gedichte separat befragt werden. Wenigstens an einem möchte ich es versuchen, nicht an einem der „Kindertotenlieder", sondern am ersten aus der anderen Werkgruppe, den fünf so genannten „Rückert-Liedern". Es ist das kürzeste von allen.

Blicke mir nicht in die Lieder!
Meine Augen schlag ich nieder,
Wie ertappt auf böser Tat.
Selber darf ich nicht getrauen,
Ihrem Wachsen zuzuschauen.
Deine Neugier ist Verrat!

Bienen, wenn sie Zellen bauen,
Lassen auch nicht zu sich schauen,
Schauen selber auch nicht zu.
Wenn die reichen Honigwaben
Sie zu Tag gefördert haben,
Dann vor allen nasche du!

Man mag sich darüber wundern, daß Mahler sich gerade für die Vertonung dieses Gedichtes entschied und just mit ihm den Zyklus begann. Natalie Bauer-Lechner, deren intimer Vertrautheit wir Einblicke in Mahlers Charakter und Schaffensweise verdanken, fand die Wahl dieses Gedichtes „schon textlich für Mahler so charakteristisch", daß ihr schien, „als hätte er es gedichtet. " (13) Tatsächlich hat Rückert in diesen Versen ein künstlerischen Konzept und poetisches Selbstverständnis ausgesprochen, in dem sich Gustav Mahler wiederfinden konnte. Das dürfte in je anderer Weise für jedes der fünf Gedichte gelten, dieses aber ist ein Künstler-Gedicht. Eine sorgfältige Text-Betrachtung legt uns nahe, den Zyklus als ein aus Rückert-Gedichten collagiertes Selbstporträt des Komponisten zu erkennen.

In der Mitte dieser Lieder-Folge steht in sinnvoller Aufführungspraxis mit dem Gedicht „Um Mitternacht“ eine weltanschauliche Selbstbesinnung, ein Text von dunklem existentiellem Ernst, zu dessen Vertonung sich ein Mensch wie Mahler nicht ohne ein ernsthaftes Zustimmen entschließen konnte. „Der gestirnte Himmel über mir und das moralische Gesetz in mir“, zwischen diesen (von Immanuel Kant so benannten) Polen bewegt sich die Selbstbesinnung des lyrischen Ichs. In einer pathetischen Anrufung der „Menschheit“ bestimmt es sein Verhältnis zu einer Welt, die es als einen Ort des Leidens begreift. Wissend um die Ohnmacht seines Aufbegehrens, überantwortet es sich der Unergründbarkeit Gottes, des Herren „über Tod und Leben“. Mahlers Musik gibt diesem Sich-Überantworten allerdings keinen Demutsklang, wie vielleicht zu erwarten wäre. Es ist eine eher kämpferische, mit dunklem Pathos sich vortragende Gefolgschaft. Von allen Mahler-Liedern mußte wohl gerade dieses den Anti-Metaphysikern unter seinen Verehrern den meisten Verdruß bereiten. Seine Mittelstellung in einer symmetrischen Textfolge des Zyklus gibt ihm ein besonderes Gewicht. Ihm voraus stehen Verse von heiterer Privatheit und behaglicher Lebensfreude („Ich atme einen linden Duft“). Im darauf folgenden Lied wird ein glückhaftes Lieben besungen („Liebst du um Schönheit ... dich lieb ich immerdar!“). Diese beiden taghellen Lieder Nr. 2 und Nr. 4 umklammern in der üblich gewordenen Abfolge den „Mitternacht“-Gesang; sie sind dann so genau aufeinander bezogen wie die Lieder 1 und 5, wobei das letztgesungene Wort des Zyklus auf die erste Zeile des Eröffnungsliedes verweist. Spricht das erste vom Geheimnis der künstlerischen Kreativität, von der Art wie „Lieder“ entstehen, so ist beim fünften („Ich bin der Welt abhanden gekommen“) im Singular des letzten Wortes, das Kunstwerk „Lied“ zu einem locus spiritualis, dem Refugium eines schöpferischen Menschen, fernab dem „Welt-gewimmel“, geworden: „Ich leb allein (bei Rückert „in mir und“) in meinem Himmel, / In meinem Lieben, in meinem Lied.“

Vor dem Hintergrund dieser nur eben skizzierten Bedeutungs-Verhältnisse im Zusammenklang der fünf „Rückert-Lieder" gewinnt das zunächst eher harmlos erscheinende Eröffnungslied „Blicke mir nicht in die Lieder" seinen besonderen Rang. Es sind poetologische Verse. Ihre künstlerische, nämlich die Kunst reflektierende Bedeutung mag Mahler vielleicht mehr geahnt als begriffen haben, doch sollten wir ihn da nicht unterschätzen. Das Gedicht beginnt mit einer Noli-tangere-Geste: der künstlerische Schaffensakt duldet nicht die Mitwisserschaft eines Anderen, dessen „Neugier ist Verrat". Ja, der Schaffende selbst – Wort- oder Tonkünstler – scheint von einem letzten Wissen um das „Wachsen" seines Werkes ausgeschlossen zu sein: „Selber darf ich nicht getrauen, / Ihrem Wachsen zuzuschauen". Selbst dem Schaffenden ist Diskretion gegenüber seinem im Werden begriffenen Werke geboten. Davon sprechen die ersten sechs Zeilen des Gedichts. In den folgenden abermals sechs Versen wird dem Geheimnis des Schöpferischen dann aber doch nahegetreten – im Gleichnis der Bienen. Deren Werk ist der Honig. Wie der Dichter, so schaffen auch sie in der Verborgenheit; wie er das Geheimnis seines Schöpfertums nie ganz wissen darf, „schauen" auch sie ihrem Tun „nicht zu". Erst nach dem Gelingen ist das Werk zur Aneignung freigegeben. Kunst und Bienenhonig sind im Gleichnis der Rückertschen Verse eines, und die Worte „dann vor allen nasche du" werden zur liebevoll-spielerisch-heiteren Pointe des Liedes.

Wie aber ist dieses Bienen-Gleichnis zu deuten? Ist es wirklich eindeutig positiv? Womit denn füllen sie ihre Waben, wenn nicht mit weithergetragenem Sammelgut aus wievielen Blüten. Ein ins Gleichnis der Bienen gestellter Künstler müßte dann wohl ein Eklektiker sein. Und hat man nicht Rückert, den „Epigonen", oft genug zu diesem Typus gezählt? Ebenso Gustav Mahler. Von ihm schreibt Eggebrecht, seine Angst vor dem Vorwurf des Plagiates sei die Angst vor einem öffentlichen Urteil gewesen, „zu dessen Maximen die Originalität der Erfindung gehörte." Durch die zeitgenössische Mahler-Kritik ziehe sich unter dem „Stichwort des Eklektizismus" wie ein roter Faden „der Vorwurf der Aneignung fremden musikalischen Eigentums". (14) Jedenfalls ist das Bienen-Gleichnis gewiß keine Inspirations-Metapher von der Art des Musenkusses oder himmlischer Eingebungen, ebensowenig aber ein Lob des Eklektizismus. Rückert denkt hier in anderen Bezügen. Der Kenner abend- wie morgenländischer Poesie hat dieses Gleichnis nicht selbst erfunden, es entstammt einer anderen Tradition und steht in dieser durchaus nicht im Dunstkreis einer eklektizistischen Abwertung künstlerischer Kreativität. Vielleicht hat es Rückert von einem seiner geliebten Orientalen übernommen, gewiß aber kannte er es aus dem Horaz: „Ich aber, ein bescheidener Dichter, der im Wald und an den Ufern des quellenreichen Tiburflusses mit Mühe seine Lieder formt, ich gleiche der matinischen Biene, die mit unendlichem Fleiß den geliebten Thymian erntet. " (Carmina IV,2) Auch bei Vergil (Georgica) hätte er diesem Gleichnis begegnen können, vielleicht aber auch bei Petrarca: „Denn es ist der Ruhm der Bienen, daß sie das Vorgefundene in etwas Anderes und Besseres verwandeln". (15) In einem solchen horazisch-petrarcischen Verständnis des Bienen-Vergleichs erledigt sich der Vorwurf eklektizistischen Epigonentums. Fast möchte man glauben, Mahler habe solcher Kritik mit der Vertonung gerade dieser Rückert-Verse an exponierter Stelle im Zyklus antworten wollen. Wie dem auch sei, man staunt, daß es möglich war, die Qualität solcher Verse und der anderen von Mahler komponierten Rückert-Gedichte derart vorurteilsbefangen zu verkennen und mit weghörendem Besserwissen zu befinden, hier sei durch Musik einer „ängstlich-gefühlvollen Lyrik" ihr „Lyrismus ausgetrieben" worden?

Gustav Mahler hat in Rückerts Versen unbezweifelbar ein Eigenes erkannt, derart, daß es uns möglich scheint, im Zyklus dieser fünf Orchestergesänge, den „Rückert-Liedern", ein aus Gedichten collagiertes Selbstporträt zu erkennen. Er hob diese Gedichte und jene fünf anderen aus ihrer kunstbewußten Literarität in die Klangwelt seiner Kompositionen, wo sie sich seiner Musik als ebenbürtig erweisen. Von diesen zweimal fünf Orchesterliedern kam ein entscheidender Anstoß zur Revision der gegen diesen Dichter gerichteten Vorurteile. Dies zusammen erlaubt es zu sagen, daß es nur wenige derart interessante und anrührende Allianzen zwischen einem Tonsetzer und einem Poeten gab, wie die von Mahler und Friedrich Rückert.

Finis

Anmerkungen:

* Vortrag vor der tschechischen Gustav-Mahler-Gesellschaft am 16. September 2006 in Jihlava/Iglau.

1. Hans Mayer, Gustav Mahler u. d. Literatur, in: Musik-Konzepte. Sonderband Gustav Mahler, München 1989, S. 134.
2. Hans Mayer, Ein Denkmal für Johannes Brahms, Frankfurt 1989, S. 154.
3. ebd. S. 152.
4. Jens Malte Fischer, Gustav Mahler. Der fremde Vertraute. Biographie, Wien 2003, S. 171.
5. Theodor W. Adorno, Mahler. Eine musikalische Physiognomik, Frankfurt 1960, S. 184.
6. ebd. S. 183.
7. H. Killian (Hg.), Gustav Mahler in den Erinnerungen von Natalie Bauer-Lechner, Hamburg 1984, S. 193 f.
8. J. M. Fischer, a. a. O. , S. 223.
9. Hans Heinrich Eggebrecht, Die Musik Gustav Mahlers. 3. Aufl. , München u. Mainz 1992, S. 124.
10. Ich wiederhole hier einige Sätze aus meinem Aufsatz: Rückerts Wiederkehr in Mahlers Musik, in: Merkur. Zs. f. europ. Denken, 60. Jg,, Heft 2, Stuttgart 2006, S. 129.
11. Theodor W. Adorno, Prismen, dtv 159, München 1963, S. 230.
12. Hans Wollschläger, Moments musicaux. Tage mit TWA, in: Musik und Ästhetik, Nr. 31, Stuttgart 2004, S. 5 ff.
13. Bauer-Lechner, a. a. O. . S. 117.
14. Eggebrecht, a. a. O. , S. 117.
15. Francesco Petrarca, Le Familiari I,7. Dank an Aura und Clemens Heydenreich für Hinweis und Übersetzung.

*****

Peter Horst Neumann

Gustav Mahler a Friedrich Rückert – mesaliance?

O obou z nich Gustavu Mahlerovi a Friedrichu Rückertovi už bylo samostatně řečeno a napsáno mnohé, o skladateli mnohem více než o jediném autentickém básníku, jehož verše zhudebnil. Pokud však byli posuzováni společně, pak často tak, jako by se jednalo o nerovný svazek. Ten, kdo se dnes zabývá Mahlerovým zhudebněním Rückertova díla, ocitá se před úkolem obhajovat úroveň tohoto básníka nikoli snad vůči jeho poslednímu významnému skladateli, nýbrž vůči uznávaným autorům a Mahlerovým ctitelům, kterým se básně Friedricha Rückerta jeví jako „pochybná" lyrika. Při vší úctě se tak bohužel nemůžeme vyhnout polemice.

Texty, které skladatelé zhudebňovali, byly z odstupu následujících generací často podrobovány kritice; to se stalo i Brahmsovi a Schubertovi. V Mahlerově případě zjišťujeme právě u těch kritiků, kteří se nejvehementněji zasazovali o návrat jeho hudby po jejím dvanáctiletém zákazu v Německu, zvlášť' silnou rezervovanost vůči textům, které Mahler zhudebnil. Mám na mysli Theodora Adorna a germanistu Hanse Mayera. Při četbě obou autorů máme dojem, jako by se u Mahlerových textů všeobecně jednalo o méně zdařilý výběr, počínaje básněmi sbírky Chlapcův kouzelný roh, a Písněmi potulného tovaryše, které Mahler, v duchu jmenované sbírky, napsal sám. Jak píše Mayer (který tak přitakává Peteru Hammovi), Mahler ani okamžik nevěřil v autentičnost „takzvaných lidových písní, bezmyšlenkovitě zveršovaných Achimem von Arnimem a hlavně Clementem Brentanem". (1) Jako by význam poetických textů pro vnímavého čtenáře závisel na jejich autentičnosti. Goethe, jak je známo, soudil o vysoké poetičnosti básní ze sbírky Kouzelný roh zcela jinak. To, že tato sbírka kdysi byla jakýmsi rezonančním nástrojem německé romantické zhudebněné lyriky, jistě nelze vysvětlit nedostatkem jejích uměleckých kvalit.

Také posmrtný věhlas Friedricha Rückerta kalila podobná tendenční, chybná hodnocení. Adorno označil Mahlerovu úctu vůči tomuto básníkovi za „svéráznou". Podle germanisty Hanse Mayera jde o „pochybnou" a „úzkostlivě-cituplnou", lyriku, z níž se ovšem zásluhou Mahlerova zhudebnění „básnivost vytratila" (2). Co se týče sbírky „Čínská flétna", přebásnění čínské poezie od Hanse Bethgeho, z níž Gustav Mahler převzal texty po svou „Píseň o zemi", i tady vyjádřil Hans Mayer nadřazenost kritika následující generace, když ji označil za „básnické řemeslo". Pouze „zlomyslná (a podstatné opomíjející) analýza by se mohla odvážit tvrzení, že tento skladatel se nechává neustále fascinovat a inspirovat" podobným podřadným uměním. (3) Takové ubohé, povýšené posuzování překvapuje. Z jakého jiného důvodu by se literárně uvážlivý Mahler rozhodl právě pro tuto poezii a hned pro deset Rückertových básní než proto, že ho zjevně zaujaly. Podle vyjádření Antona Weberna chápal Mahler Rückertovy básně jako „prvořadou lyriku" (4). I ten, kdo by s tímto hodnocením nesouhlasil, musí uznat, že citová hloubka literárních zálib nemusí nutně souznít s nejvyššími estetickými hodnotami.

Této předpojatosti kritiků nezůstaly ušetřeny ani básnické texty použité pro zpěv v Mahlerově 2. symfonii, mezi nimi sloka z Klopstockova Vzkříšení, vyjadřující důvěru v budoucnost na základě víry, umocněnou sborovým zpěvem. Zvláště a z hlediska filozofického a sociálně historického zásadně podezřelá je kritikům 8. symfonie; u Theodora Adorna tento postoj ústí až v odsudek monumentálního „hlavního díla". Zde sáhl Mahler při zhudebnění Svatodušního hymnu Hrabana Maura a scény z Fausta odehrávající se v horské rokline po výsostných básnických kvalitách. Tento textový výběr je zvlášť naléhavým skladatelovým vyznáním. Vyznáním formou podobenství s básnickým textem, což nutně nemusí znamenat souznění s každou jeho slabikou.

Právě vyznání tohoto druhu nenašlo odezvu u dvou nejvýznamnějších Mahlerových apologetů. Pro Adorna je Mahlerův výběr textů pro 8. symfonii potvrzením ideologicky zaostalého a afirmativního charakteru díla. „Osmá", tak zní jeho hodnocení, „je nakažená klamnou představou, že vznešené předměty (...) zaručují vznešenost obsahu. Avšak vznešené předměty, na něž se umělecké dílo váže, nejsou zprvu ničím jiným, než jeho námětem. To, že se obsah negací! může uchovat lépe než demonstrací, to jinak (!) Mahlerova hudba, proti jeho vědomí, exemplárně dokazuje. " (5)

Zdůraznil jsem tato tvrzení, protože Adorno v nich i v dalších pasážích své knihy má pocit, že musí hájit skladatelovo dílo vůči jeho údajně „chybnému vědomí". V této souvislosti také prohlašuje, že Mahler ve své 8. symfonii „popírá vlastní myšlenku radikální sekularizace metafyzických textů". (6) Zvláštní slepota u jinak rozumným úsudkem tak mimořádně obdařeného autora. Kdyby bylo skutečně Mahlerovou myšlenkou a přesvědčením, že metafyzično potřebuje profanaci, aby ho vůbec bylo možno obhájit, muselo by toto přesvědčení být patrné také u Kouzelného rohu a zhudebnění Rückertovy poezie. Této údajně „vlastní myšlence" se Mahler ve svém „hlavním díle" bohužel zpronevěřil tím, že ve zhudebnění „metafyzických textů" jak u Svatodušního hymnu, tak při povznesení entelechie doktora Fausta do nebeských výšin mater gloriosa vytvořil tak sugestivní vyznání.

Toho, kdo Mahlerovu hudbu tak vehementně označuje jako modernu – a právě to je nesporná zásluha obou autorů – by volba Mahlerových textů musela nutně pohoršovat. Jsou poplatné premodernistické estetice měšťanské zbožnosti v umění, proti které především je namířen onen antimetafyzický osten, zaznívající z citátů. Co se týče pohrdání Friedrichem Rückertem, nebyl Mahler vůbec tím, kdo by chtěl v rámci zhudebnění celých deseti básní z jeho lyriky „vytěsnit básnivost". Toto podceňování Rückertova díla v mahlerovské literatuře má ovšem i literárně historické důvody. Mahler si v letech 1901-04 vybral lyrika, který byl –

tehdy již více než 40 let po smrti – během 19. století neustále zhudebňován, a to nikoli pouze z nedostatku vhodných textů. Pro Mahlerovo zhudebnění Rückertovy poezie to platí zvláště. Nemám žádný důvod pochybovat o tvrzení Natalie Bauer-Lechnerové, jestliže píše o skladbě „Nenahlížej do mých písní", že je „textově pro Mahlera tak charakteristická, jako by ji složil sám". A o skladbě „Vzdálil jsem se světu" jí Mahler řekl: ! „...to jsem já sám!" (7)

Při zpracování písní z Kouzelného rohu se ve většině případů jedná o vokální typové charakteristiky; naproti tomu se u zhudebnění Rückertových veršů projevuje tak intimní výrazový akcent, že lyrické já téměř splývá se skladatelovým já. Tato spřízněnost vede ve sklad-bě „O půlnoci", prostřední z pěti „Rückertových-písní", až k identifikaci se světonázorových vyznáním básníka. Pravděpodobně to je důvodem, proč právě tato píseň činí problémy nikoli zpěvákům, nýbrž Mahlerovým vykladačům. „Záhada písně", tak čteme u Jense Malteho Fischera v jeho mahlerovské biografii, „čeká ještě na své rozřešení". (8) Každopádně se mi Mahlerův vztah k Rückertově poezii vůbec nejeví jako „pochybný" a pohoršlivě „svévolný", Měli bychom tuto svévoli raději doslova a nepochybně chápat jako vůli po vlastním vyjádření, jež dala Mahlerovi v poezii Friedricha Rückerta nalézt to, co potřeboval. To platí zvláště pro zpěvy označované jako „Rückertovy písně", o nichž ještě pojednáme podrobněji, stejně jako pro pět „Písní o mrtvých dětech." Tvrzení Almy Mahlerové, že její muž v těchto skladbách již předem oplakal smrt vlastní, starší dcera, je pochopitelné i bláhové zároveň. Mladý Gustav Mahler ve svém otcovském domě v Jihlavě zažil smrt nejméně šesti mladších sourozenců i umírání svého dvanáctiletého nejmilejšího bratra Arnošta, který měl stejné jméno jako jedno dětí, pro něž Rückert truchlí ve svých verších.

Že by báseň a hudba měly být v uměleckém hodnocení rovnocenné, je očekávání, které je zřídka dochází naplnění. Pravidlem je spíše určitá nerovnocennost, nikoli vždy v neprospěch písní. V Rückertově a Mahlerově případě byla otázka rovnocennosti příliš lehkovážně rozhodnuta v neprospěch prvního jmenovaného. Také Hans Heinrich Eggebrecht, autor významného díla o Mahlerovi, nekriticky přejal názory Hanse Mayera: Mahler si „pro zkomponování písní vybral jen takové texty, které dokázaly vzdorovat „estetické dominanci jeho hudby", „dokonalou báseň" nechával úplně „bez povšimnutí". (9) Výraz „okupátor", který pro Mahlera razil Hans Mayer, Eggebrecht raději vůbec neměl použít. O estetické podřízenosti, či odcizujícím a násilném přebírání textů nelze u Mahlera vůbec mluvit, ani v případě jeho básnických úprav sbírky Kouzelný roh. O zhudebnění Rückertovy poesie to neplatí už vůbec.

Pomyslíme-li však na to, že po dvanácti letech pronásledování Mahlerovy hudby z rasových důvodů záleželo i na jejím umístnění v rámci kánonu hudební moderny, můžeme mít určité pochopení pro to, že Mahlerovy sympatie pro konzervativně měšťanského Rückerta mohly být tak snadno chápány jako svérázné. Vždyť toto podceňování Rückertovy poezie vycházelo z hodnocení germanistů. Tvrzení literárních historiků a jimi vystavované certifikáty pro přežití díla jdou vždy ruku v ruce s duchem doby. V průběhu 20. století tak Friedrich Rückert pod vlivem moderny zůstával téměř bez povšimnutí. Vskutku se u něj sotva dá najít něco, na co by zástupci moderny mohli navázat, nebo s čím by mohli sympatizovat. Podobné virtuózní zvládnutí básnických forem v německé, a možná i ve světové literatuře, sotva najdeme. Zdánlivě bez obtíží si Rückert osvojil ty nejkomplikovanější metrické i básnické formy evropské i orientální tradice. Právě této schopnosti však lyrika 20. století ve svém úzkém přiblížení se próze téměř úplně pozbyla. Rückertova precizní technika rýmů i veršů mohla být tedy sotva vnímána jinak, než jako časově vzdálená a poplatná zaniklé buržoazní kultuře. Již za života se tomuto současníkovi Eichendorfa a Heina pro jeho mistrovské ovládání básnických forem nedostávalo pouze obdivu. Literární moderna však dosud postrádá cit a smysl pro estetickou jedinečnost metrických jemností. K tomu ještě přispívá fakt, který by už sám o sobě stačil na to, aby byl nějaký lyrik vnímán jako „podezřelý“: kvantitativní rozsah Rückertovy tvorby. Vytvořil desítky tisíc básní, dokonce možná mnohem více. Bez ustání básnicky ztvárňoval své každodenní měšťanské bytí, často ducha- a citupIně, nezřídka banálně, vždy však s mimořádnou jazykovou virtuozitou. Na tomto místě mu nemůžeme dopřát plného zadostiučinění, na něž má právo. Už i kvůli Gustavu Mahlerovi je však nutno říci: nechceme zde „lámat kopí“ za kohosi podřadného, nýbrž za osobnost vpravdě jedinečnou.

Několik desetiletí se zdálo, že básníkův skrovný odkaz bude dokládat jen několik básní, obsažených v antologiích. Nezpochybnitelný však zůstává Rückertův věhlas jako překladatele a orientalisty. Existuje množství přesvědčivých důkazů vyvolávajících v tomto směru náš obdiv. Zřídkakdy se nějakému člověku dostalo většího jazykového nadání, kromě toho měl při překládání orientální poezie zřejmě i mimořádný mediální talent. (10) Nejenže do němčiny převedl obrovské množství děl velkých básníků a mystiků arabského světa, nýbrž je i přebásnil v takové veršové i obsahové dokonalosti, jaké podle hodnocení znalců poté již sotvakdo dosáhl. (Do němčiny přeložil rovněž korán). Podle hierarchického hodnocení talentů používaného v našem kulturním okruhu bychom museli Rückerta označit za kongeniálního umělce. Tím se zároveň dostáváme k pojmu *epigonství.* A skutečně byl Rückert takto v literárně historických dílech neustále označován, nikoli však jako překladatel básnických děl, nýbrž jako básník.

Od Emmanuela Geibela, kterého germanisté podobně jako Platena a Rückerta označují za epigony post-goethovské éry, pochází vyznání: *To, co je krásné, už bylo, / a napodobuje se to, co obšťastňuje.* “ Tím se vyznačuje epigonské dilema mnoha umělců nejenom v 19. století: Umělecké krásno se nyní jeví jako vlastní ozvěna, není už sebou samým, nýbrž (řečeno s Robertem Musilem) pouze „sobě rovným“. Pro překládajícího básníka však přebásnění znamená naprostou závaznost. Dokonalý převod cizojazyčného díla do vlastní řeči, takže cizojazyčná báseň v nové jazykové podobě působí jako původní poezie, je pro přebásnitele tou nejvyšší metou. Znalci ujišťují, že právě toto se Friedrichu Rückertovi vždy podařilo. Věříme jim to a zároveň žasneme nad zaměnitelností Rückertových převodů s jeho vlastními básněmi a naopak Rückertových originálů s jeho překlady. Theodor W. Adorno (abychom ho zmínili i v této souvislosti) vyslovil při posuzování básní Stefana Georga zhudebněných Arnoldem Schönbergem pronikavou poznámku, že jazyková forma oněch básní by se dala poměřit vlastně jenom „ideálním překladem“ (11) Výrok, který platí i pro Rückerta, a to mnohem výrazněji než pro Stefana Georga.

Moderna však chápe lyriku tak, že považuje právě její nepřeložitelnost za skutečnou známku kvality. Naproti tomu je Rückert, který sám sebe mezi svými současníky chápal jako cizince, *peregrina*, poplatný ideálu lyriky, který je nadřazen jazyku a minimalizuje rozdíl mezi originálem a přebásněním. Epigonství, které se jeho lyrice vyčítá, by tedy mohlo každopádně spočívat v nedoceňování tohoto *jiného* paradigmatu, který tvorba literárního kánonu nezná. Pro Rückerta platí to, co si pro sebe jako čestný titul nárokoval Karl Kraus: *„Ich bin nur einer von den Epigonen, / Die in dem alten Haus der Sprache wohnen. “ (Jsem jenom jedním z epigonů přebývajících ve starém jazykovém dómu)* V tomto domě měl Rückert zaručené domovské právo. Nebyl to nový dům, ani žádná parcela pro rodinný domek, nýbrž dům mnoha jazyků, které jsou v mystické utopii tohoto polyglota, básníka a filologa posléze jen jedním jazykem: *„Die Poesie in allen ihren Zungen / Ist dem Geweihten eine Sprache nur“ (Poezie všech možných řečí / je pro znalce jen řečí jedinou)*

Zaměnitelnost básně a přebásnění umožňuje chápat i Rückertovu originální poezii jako *převod*. Tak jako pro něj bylo přebásnění orientálních básníků Rumiho nebo Hafíze přiměřeným způsobem, jak se přiblížit jejich vzdáleným světům, tak se mu básnická tvorba zdá být přiměřeným způsobem vnímání světa vůbec. Chtělo by se věřit, že všechno prožité se mu stávalo zkušeností teprve v básni, že psaní básní bylo vlastním, autentickým způsobem jeho prožívání. Pokud to platí, pak chápeme smrt milovaných dětí Louisy a Arnošta během tří týdnů na přelomu roku 1833/34 jako hořký dar pro otce-básníka. Ten, který v Mahlerem tak úchvatně zhudebněné a všeobecně známé básni o sobě mohl říci: *„Ich leb' in mir und meinem Himmel, / In meinem Lieben, in meinem Lied"* *(Žiji jen v sobě a svém nebi / v svých láskách a svém trápení)*, žil, posuzujeme-li celé jeho bytí, měšťanským, pohodlným, na události chudým životem učence. Jeho senzace byly čistě duchovního, básnicko-filologického, jinak však pouze nenápadného rodinného rázu. Smrt dětí ho zasáhla jako úder dvojího blesku do vlastního těla, avšak i tehdy, nyní ovšem z dosud nepoznané existenciální hloubky, se mu utrpení změnilo v poezii. Snadnost uměleckého zachycování každodenních poetických zážitků mu nyní posloužila pro zvládnutí otřesu a bolesti. Vznikl tak v německé poezii bezpříkladný smuteční rituál. Během asi tří a půl měsíců napsal 450 básní. Vzniká dojem téměř samovolného básnění, kterému ovšem protiřečí perfektní zvládnutí básnického řemesla. To, co tehdy vytvořil, lze nazvat encyklopedií lyrických forem. Ani tady mu nedošla řeč. Spíše se zdá, že jako by se jeho bolest přetavila do řeči místo do slz, jako by v tomto svazku básní poezie nebyla ani tak reflexí prožitého, jak u každé jiné právem tak označované poezie *prožitku*, nýbrž spíše *orgánem* této trýznivé zkušenosti, místem utrpení. A spíše než jedna jediná báseň reflektují *všechny* tuto událost, jsou 450násobným bodáním do jedné rány.

Písně vzniklé v roce 1834 Rückert sám neuveřejnil, byly vytištěny teprve 6 let po jeho smrti v roce 1872. V pozdějších vydáních byly otištěny jen neúplně a často zkomoleny nevhodnými zásahy nebo nedbalostí. Jedno z těchto vydání, možná 2. vydání dvanáctisvazkového souborného díla z roku 1882, mohlo posloužit Gustavu Mahlerovi, když v roce 1901 zhudebnil tři básně svého pětidílného písňového cyklu. Celé století se tento jedinečný svazek smutečních básní v knihkupectvích neobjevil v úplném znění. Ani jedna z těchto básní nebyla rovněž zveřejněná ve výborech z Rückertovy tvorby. Teprve v roce 1988, u příležitosti 200. výročí básníkova narození, vyšlo toto dílo opět komplexně. Časový moment byl dobře zvolen, nebot' jubilea apelují na kulturní pamět'. Současně vybízelo dvousvazkové vydání básní a přebásněné poezie ke znovuobjevení téměř již zapomenutého básníka. Tento vydavatelský impuls však nevzešel od germanistů, nýbrž od orientalistky Annemarie Schimmel a Hanse Wollschlägera, který provedl úplnou edici „Písní o mrtvých dětech" a doplnil ji esejem, v němž představil Rückerta jako nikdo předtím. Spisovatel a překladatel Joyceho děl je zároveň vystudovaným hudebníkem a znalcem Mahlerových partitur. Teprve nedávno prozradil v prozaickém textu – „Moments musicaux. Tage mit TWA" (12) – jaký mimořádný význam pro něj má Theodor W. Adorno. Adornovo podceňování Friedricha Rückerta však nesdílí, právě naopak. Impulsem nejen pro jeho editorskou záchranu „Písní o mrtvých dětech", nýbrž i jeho snahy o literárněhistorickou rehabilitaci Rückerta byly Mahlerovy orchestrální písně. Jestliže byl v nacistické době zakázaný Mahler pod dojmem Adornovy knihy znovu intelektuálně navrácen německé hudební veřejnosti a stal se zásluhou široké nabídky kvalitních nahrávek doslova populárním, došlo ve víru tohoto návratu i k probuzení zájmu o Friedricha Rückerta – prostřednictvím Mahlerovy hudby, za zády akademické obce. To, co Mahler udělal pro Rückerta, je řídkým příkladem osudové spřízněnosti mezi poezií a hudbou v historickém chápání obou umělců.

*

To, co Gustav Mahler vytěžil z Rückertových veršů, lze zachytit jen poslechem, nějaké pomůcky pro porozumění textu pod dojmem zpěvu a orchestru není zapotřebí. Co však Mahlera na těchto básních přitahovalo a co z jeho nitra se v nich obráželo, na to se musíme optat zhudebněných básní samých. Chtěl bych to předvést alespoň na jedné z nich, a to nikoli na básni z cyklu Písně o mrtvých dětech, nýbrž na první z pěti tzv. „Rückertových písní“, která je nejkratší ze všech.

Blicke mir nicht in die Lieder!
Meine Augen schlag' ich nieder,
Wie ertappt auf böser Tat.
Selber darf ich nicht getrauen,
Ihrem Wachsen zuzuschauen.
Deine Neugier ist Verrat!

Bienen, wenn sitae Zellen bauen,
Lassen auch nicht zu sich schauen,
Schauen selber auch nicht zu.
Wenn die reichen Honigwaben
Sie zu Tag gefördert haben,
Dann vor allen nasche du!

Nenahlížej do mých písní!
Když sám při nich zraky klopím,
jak při činu přistižen.
Ani sám se neodvážím posoudit,
co jejich růst si žádá
Tvoje zvědavost je zrada.

Včely, když své plástve krší,
vzájemně se neruší,
aniž samy zhlédnou níž.
Teprve když plástve celé
v denní světle září skvěle,
teprv tehdy mlsat smíš.

Můžeme se možná divit, že se Mahler rozhodl pro zhudebnění právě této básně a právě ji dal na začátek cyklu. Natalie Bauer-Lechnerová, jejíž důvěrné známosti vděčíme za důležité poznání Mahlerova charakteru a způsobu tvorby, považovala výběr této básně už „textově natolik pro Mahlera charakteristický“, že se jí zdálo, „jako by to napsal sám“ (13) Skutečně Rückert v těchto subtilních verších vyjádřil umělecký koncept a poetické sebepojetí, v němž se Mahler mohl nalézt. Totéž by určitě mohlo platit i pro každou z těchto pěti básní, jmenovaná je však vyznáním umělce. Všech pět básní je seřazeno v přesně promyšleném sledu a po pečlivém prostudování v tomto malém cyklu můžeme rozpoznat vlastní portrét skladatele, sestavený jako koláž z Rückertových básní.

Uprostřed tohoto cyklu písní se nachází báseň „O půlnoci“, představující, smíme-li to tak vyjádřit: světonázorové sebeurčení, text temné existenciální vážnosti, k jehož zhudebnění se člověk jako Mahler nemohl rozhodnout bez vážného souhlasu s obsahem. „Hvězdné nebe nade mnou a mravní zákon ve mně“, mezi těmito (Immanuelem Kantem) takto pojmenovanými póly se pohybuje sebeuvědomění si lyrického já. V patetickém vzývání „lidstva" určuje svůj poměr ke světu, který vnímá jako místo utrpení. Toto já chápe bezmoc své vzpoury, odevzdává se tajuplnosti Boha, „pána nad životem a smrtí". Mahlerova hudba tomuto odevzdání se nedodává žádný, jak bychom snad očekávali, pokorný charakter. Jde spíše o bojovné, temným patosem naplněné následování. Ze všech Mahlerových písní musela zřejmě právě tato nejvíce rozladit antimetafyzické vykladače jeho díla. Ústřední postavení písně v symetrickém řazení cyklu jí propůjčuje zvláštní význam. Písni předcházejí radostné intimity a životní pohody („Dýchám vlahý vzduch"). Následující píseň („Miluješ-li mě pro krásu ... tebe věčně miluji"). opěvuje šťastnou lásku. Tyto dvě radostně jasné písně 2 a 4 obklopují bezprostředně skladbu „O půlnoci" a Mahler vnímal jejich obsahovou souvztažnost podobně jako u písní 1 a 5, přičemž poslední zpívané slovo cyklu odkazuje na první řádek úvodní skladby. Hovoří-li první o tajemství umělecké kreativity, o způsobu vzniku „písní", stává se u páté skladby („Vzdálil jsem se světu), v singuláru posledního zpívaného slova, „píseň" jako umělecké dílo místem duchovním (locus spiritualis), refugiem tvůrčího člověka, vzdáleného vřavy světa. : „Žiju sám (Rückert „v sobě a") ve svém nebi / svých láskách / své písni. "

Na pozadí těchto právě načrtnutých sémantických poměrů v cyklu Rückertových písní nabývá významově zdánlivě slabší úvodní skladba „Nenahlížej do mých písní", zvláštního postavení. Jsou to poetologické verše, jejichž umělecký a umělecko reflexivní význam Mahler možná spíše vytušil než pochopil; avšak neměli bychom ho v tomto směru vůbec podceňovat. Báseň začíná gestem noli tangere: umělecký tvůrčí akt nesnáší spoluvědomí někoho jiného, jeho „zvědavost je zrada", vždyť sám tvůrce – literát nebo skladatel – se zdá být z poslední fáze „růstu" svého díla vyloučen: „Selber darf ich nicht getrauen, / Ihrem Wachsen zuzuschauen" (Ani sám se neodvážím, posoudit, co jejich růst si žádá). Jde o diskrétnost tvůrce vůči vznikajícímu dílu, o níž hovoří prvních šest řádků básně. V následujících – opět šesti – verších se přece jen přibližujeme tajemství tvorby, ovšem formou podobenství, podobenství o včelách, jejichž dílem je med. Tak jako básník, i ony tvoří skrytě; tak jako on nesmí nikdy zcela nahlédnout tajemství tvůrčího aktu, tak ani včely „nepřihlížejí" svému konání. Teprve po zdařilém dokončení si smí báseň přivlastnit druzí. Na konci jsou umění a včelí med v podobenství Rückertových veršů identické a výraz „nasche du" – (mlsat smíš) se stává milou, hravě-radostnou pointou písně.

Jak však máme tomuto podobenství o včelách porozumět? Je skutečně jednoznačně pozitivní? Čím jiným plní včely své plástve, než zdaleka donášeným sběrem z nesčetných květů. Umělec přirovnávaný v podobenství ke včelám, by pak zjevně musel být eklektikem. A nebyl Rückert neustále osočován z epigonství? Totéž se týká Gustava Mahlera. Eggebrecht píše, že jeho strach před nařčením z plagiátství, byl strachem z veřejného posouzení, „jehož nejvyšší zásadou je originalita výtvoru." „Heslo eklekticismus" se jako červená nit táhne novodobou kritikou, která Mahlera obviňuje z „přivlastňování si cizích hudebních děl!". (14) Podobenství o včelách rozhodně není inspirující metaforou ve smyslu políbení múzy nebo božského vnuknutí, avšak ani chválou eklekticismu. Rückert zde uvažuje v jiných souvislostech. Znalec západní i orientální poezie toto podobenství nevymyslel, pochází z jiné tradice a neznamená v ní rozhodně eklektické znehodnocení umělecké kreativity. Možná že ho Rückert převzal od některého ze svých oblíbených orientálních básníků, určitě ho však znal od Horatia: „Já však, skromný básník, který v lesích či na březích pramenitého Tiberu s námahou tvoří své básně, podobám se matinské včele, jež s nekonečnou pílí saje z milovaného tymiánu" (Carmina IV,2). S tímto podobenstvím se mohl setkat také u Vergilia (Georgica) možná však i u Petrarky: „Nebot' je slávou včel," píše Petrarca, že „mění nalezené v něco jiného a lepšího". (15) Toto horatiovsko-pertrarkovské chápání podobenství o včelách neguje nařčení z eklektického epigonství. Téměř by se chtělo věřit, že Mahler, zamýšlel reagovat na podobnou kritiku právě zhudebněním Rückertých veršů z exponovaného místa cyklu. Ať už je tomu jakkoli, žasneme, že bylo možné tak zaujatě podceňovat kvalitu těchto veršů a dalších Rückertových básní, které Mahler zkomponoval, a předhazovat mu s poučující lhostejností, že „vytěsnil lyrismus“ z „úzkostlivě-citupné“ poezie.

Gustav Mahler v Rückertových verších nepochybně našel sám sebe do té míry, že v cyklu pěti orchestrálních zpěvů, „Rückertových písní“ dokážeme rozpoznat kolážovitě sestavený autoportrét. Pozvedl tyto básně i oněch pět ostatních z jejich výlučné literárnosti do hudební sféry svých skladeb, kde se ukázaly být jeho hudbě rovnocenné. Právě těchto dvakrát pět orchestrálních písní dalo podstatný impuls k revizi předsudků namířených vůči Rückertovi. To nám dovoluje tvrdit, že tak zajímavou i dojemnou alianci mezi hudebníkem a poetou, jaká existuje mezi Mahlerem a Rückertem, najdeme stěží.

Finis

Poznámky:

Přednáška byla proslovena před posluchači z české Společnosti Gustava Mahlera dne 16. září 2006 v Jihlavě.

Zeitfracht Medien GmbH
Ferdinand-Jühlke-Straße 7
99095 Erfurt, Deutschland
produktsicherheit@kolibri360.de